做孩子的
理想型父母

刘琳琳 ◎ 著

应急管理出版社
·北京·

图书在版编目（CIP）数据

做孩子的理想型父母 / 刘琳琳著. -- 北京：应急管理出版社，2024. -- ISBN 978-7-5237-0772-2

Ⅰ.G78

中国国家版本馆CIP数据核字第20245DS185号

做孩子的理想型父母

著　　者	刘琳琳
责任编辑	高红勤
封面设计	彭明军

出版发行　应急管理出版社（北京市朝阳区芍药居35号　100029）
电　　话　010-84657898（总编室）　010-84657880（读者服务部）
网　　址　www.cciph.com.cn
印　　刷　三河市双升印务有限公司
经　　销　全国新华书店
开　　本　710mm×1000mm¹/₁₆　印张　8　字数　92千字
版　　次　2025年1月第1版　2025年1月第1次印刷
社内编号　20240695　　　　定价　42.80元

版权所有　违者必究

本书如有缺页、倒页、脱页等质量问题，本社负责调换，电话：010-84657880

前言

　　父母不仅仅是孩子生命的最初赋予者，更是孩子心灵的塑造者，以及孩子成长道路上不可或缺的引路人。从孩子呱呱坠地的那一刻起，每一对父母都怀揣着对孩子深深的期望与无私的爱，他们渴望孩子能在爱与关怀中健康成长，拥有一个充满光明与希望的未来。然而，在当今这个纷繁复杂、日新月异的社会环境中，如何在众多育儿理念与实践中找到最适合自己的方式，做孩子心中既温暖又智慧的理想型父母，无疑成为一个值得每位家长深思且不断探索的课题。

　　本书正是基于这样的思考而诞生的。它不仅仅是一本简单罗列育儿技巧的实用指南，更是一本关于自我成长与亲子关系深度探索的宝典。成为孩子心中的理想型父母并非一朝一夕之功，而是一场漫长且持续的修行，它要求我们在育儿的过程中不断学习新知、深刻反思过往，并将所学所得付诸实践，不断调整与优化自己的育儿策略。

　　本书中，我们将从多个维度深入探讨理想型父母的特质与内涵。从情感沟通到行为示范，从价值观传递到品格培养，每一个章节都旨在帮助父母们更好地理解孩子的内心世界，掌握有效的育儿方法，从而建立起更加和谐、亲密的亲子关系。

　　我们尤为强调，理想型父母应当是孩子心灵的避风港。当孩子遭遇生活的风雨，面临成长的挑战时，父母应用无条件的爱与支持为孩子撑起一片晴空，让他们无论身处何方，都能感受到家的温馨与力量。同时，父母的行为举止对孩子的影响深远，他们应以身作则，通过自己的良好行为为孩子树立正面的榜样，引导他们形成正确的价值观与积极向上的人生观。

　　此外，本书还探讨了如何在尊重孩子独特个性的基础上，促进其全面发展。每个孩子都是独一无二的，拥有各自的兴趣爱好、天赋才能与人生梦想。作为父母，我们应当学会耐心倾听孩子的内心声音，深入理解他们的真实需求，以开放的心态和灵活的策略为他们提供必要的支持与引导，让他们在探索自我、追求梦想的道路上更加自信、勇敢与坚定。

　　总之，《做孩子的理想型父母》这本书旨在成为每一位父母育儿过程中的亲密伙伴与智慧导师。我们衷心希望，通过阅读本书，每一位父母都能在不断的学习与实践中获得成长，逐步成为孩子心中那个既温柔又强大、既智慧又贴心的理想型父母，与孩子一同书写属于他们的美好人生篇章。

目录

第1章 您是孩子心目中的理想型父母吗

时尚育儿观，您跟上步伐了吗　　002

突破各种"卷"，您的定力够吗　　006

您距孩子心目中的理想父母有多远　　010

第2章 不当家长，与孩子做朋友

放下"架子"，做个"大孩子"　　015

尊重孩子的"小秘密"　　019

向孩子认错不丢人　　023

学习不是孩子的全部　　027

少拿"别人家的孩子"做比较　　031

第3章 善于管理情绪，不吼不叫不焦虑

孩子闹情绪，父母不上火　　036

孩子焦虑，父母不抓狂　　040

孩子叛逆，父母不吼叫　　044

孩子厌学，父母不焦虑　　048

孩子沉迷游戏，父母不急躁　　052

孩子"平凡"，父母不担忧　　056

目录

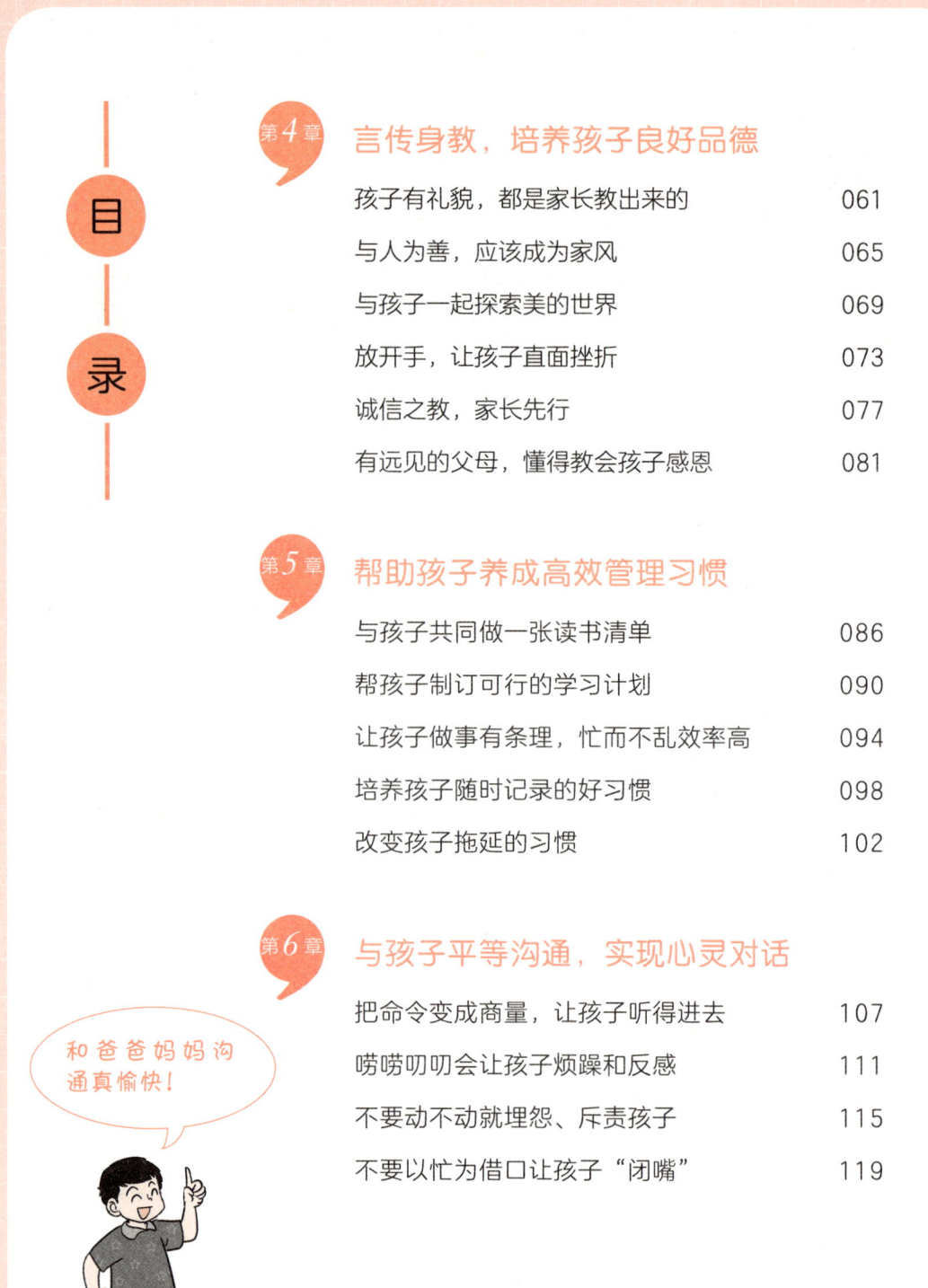

第4章 言传身教，培养孩子良好品德

孩子有礼貌，都是家长教出来的　　061
与人为善，应该成为家风　　065
与孩子一起探索美的世界　　069
放开手，让孩子直面挫折　　073
诚信之教，家长先行　　077
有远见的父母，懂得教会孩子感恩　　081

第5章 帮助孩子养成高效管理习惯

与孩子共同做一张读书清单　　086
帮孩子制订可行的学习计划　　090
让孩子做事有条理，忙而不乱效率高　　094
培养孩子随时记录的好习惯　　098
改变孩子拖延的习惯　　102

第6章 与孩子平等沟通，实现心灵对话

把命令变成商量，让孩子听得进去　　107
唠唠叨叨会让孩子烦躁和反感　　111
不要动不动就埋怨、斥责孩子　　115
不要以忙为借口让孩子"闭嘴"　　119

和爸爸妈妈沟通真愉快！

第1章

您是孩子心目中的理想型父母吗

唉，问卷中的好多测试我好像都没做到……

时尚育儿观，您跟上步伐了吗

情景再现

小美妈妈，我看你家小美可听话了，你平常是怎么教育小美的呢？

我就是顺应孩子的天性，让孩子自由成长，尽量不干预和束缚孩子。

其实没什么特别的，我就是让孩子在快乐中成长，注重培养孩子的兴趣爱好和情感。

小明妈妈，听说小明上次拿了奖，你是怎么教育他的呢？

这孩子到底该怎么管啊！

"科学育儿观""自然育儿观""快乐育儿观"……网上说得五花八门，到底用哪种育儿方法呢？真是愁死我了！

父母的烦恼

我希望能找到一个既适合孩子,又能让我放心的育儿方法。但是现在有这么多育儿观,我真是有点儿摸不着头脑,这些育儿观各有优缺点,真不知道怎么选才好。

孩子的心里话

我知道父母很爱我,都是为了我好,但是有时候我真的很不喜欢父母的做法。他们总是让我吃这个吃那个,让我学习钢琴、画画、舞蹈……我都没有时间去做自己喜欢的事情了。

育儿观有很多种,每种都有其独特的理念和方法:科学育儿观强调科学研究和孩子发育规律;民主育儿观尊重孩子的个性和意愿,鼓励孩子和家长进行平等对话;自然育儿观顺应孩子的天性,让孩子在自然环境中探索和学习;快乐育儿观让孩子在快乐中成长,主张在轻松愉快的氛围中促进孩子全面发展;个性化育儿观主张根据孩子的特点进行教育。这些育儿观各有优缺点,因此我们在选择时会感到无所适从。作为家长,在选择育儿观时,应结合自身实际情况和孩子的特点进行综合考虑,以找到适合自己家庭的育儿方式,同时,也要不断学习和更新育儿知识,以适应不断变化的社会环境。

沟通方式

暴力沟通

作为学生，成绩是最重要的。你成绩不好还要学那些新玩意儿，这可不行！

坏处

压制孩子，只关注他们的成绩，使孩子不敢表达真实想法，导致亲子关系紧张。

非暴力沟通

宝贝，你说的这件事我们可以商量，在不影响成绩的前提下，我也可以先听听你的理由。

好处

让孩子感到被尊重，愿意敞开心扉交流。

总结

无论选择哪种育儿观，家长都要深入了解孩子的需求与想法。忽视孩子的想法容易产生代沟，导致孩子不愿意与父母沟通，不利于孩子的成长与个性发展。积极沟通、共同探索，是构建和谐亲子关系、促进孩子健康成长的关键。

理想型父母的行动措施

① **了解各种育儿观的特点**　了解各种育儿观的核心理念和特点，并分析它们的优缺点，为后续的选择提供参考。

② **评估自己的家庭情况和孩子的需求**　在选择育儿观时，家长需要评估家庭的经济条件、文化背景，以及孩子的性格、兴趣等，判断哪种育儿观更适合自己和孩子。

③ **关注孩子的身心健康**　无论选择哪种育儿观，家长都需要关注孩子的身心健康，这包括保证孩子充足的睡眠、合理的饮食、适当的运动和良好的心理状态等。

> 你之前不是说想学轮滑吗？妈妈支持你的爱好，一会儿就带你去买轮滑鞋！

> 谢谢妈妈，我还以为您不同意呢。

突破各种"卷",您的定力够吗

情景再现

您好,小宁妈妈,您带着小宁去干什么呀?

上周给小宁报了个儿童编程兴趣班,现在送他去上课。

小静班里的好多同学周末都在上兴趣班,把时间都排满了,我也给小静报了名,您给小峰报名了吗?

那个……还没有……

妈妈,我去打篮球了。

周末就知道打篮球,该给你报几个兴趣班了。

你在发什么愁呢?

好多家长给他们的孩子报了兴趣班,咱们要不要也给小峰报个兴趣班呀?

父母的烦恼

我知道孩子的学习任务已经不少了,可是现在提倡全面发展,而且很多家长给自己的孩子报了兴趣班。我也不想让孩子落后,想让他"赢在起跑线上"。但是我又很心疼他,真不知如何是好。

孩子的心里话

我平时的作业都完成得很好,成绩也不错,爸爸妈妈还是给我报了很多兴趣班,我都没有自己的时间了,感觉压力好大。

当前,"卷"文化在孩子的学习生活中日益凸显,孩子们被卷入了一场无声的过度竞争之中。他们不仅要应对繁重的课业负担,还要上各种兴趣班,承受来自各方的压力,这让他们非常烦躁和疲惫,有些孩子甚至产生了厌学情绪。这背后,是社会竞争日益激烈的反映,也是家长期望值不断提升的结果。

家长作为孩子成长路上的引路人,要以理性和包容的心态来看待孩子的学业与生活。在关注孩子成绩的同时,家长更应该重视孩子的身心健康。

沟通方式

暴力沟通

落后就要挨打！你不"卷"就只能被淘汰，落后于别的小朋友，以后没有好出路可别怨我！

坏处

加重孩子的心理负担，可能让孩子产生厌学情绪。

非暴力沟通

妈妈知道你被"卷"得很辛苦，但是我们也要发展自己的兴趣爱好呀，你想学什么？

好处

让孩子感受到被支持，愿意与家长共同应对。

总结

孩子面对"卷"的压力时，家长要保持冷静，理解孩子的辛苦，并和他们一起寻找适合他们的教育方式。避免盲目跟风，以免让孩子在"卷"中迷失，影响其身心健康和未来的发展。

理想型父母的行动措施

① **合理规划，适度安排**　　了解孩子的学习能力和兴趣，为孩子制订合理的学习计划，避免过度安排学习任务，导致压力过大。

② **尊重孩子的个性**　　每个孩子都是独特的个体，都有不同的兴趣、天赋和性格。家长应尊重孩子的个性差异，不盲目拿自己的孩子与他人的孩子进行比较。

③ **保持平和心态**　　面对教育竞争，家长不要过度焦虑或急躁，而是要以积极、乐观的态度面对孩子的教育和成长。同时，也要给予孩子足够的信任和支持。

这周我们不"卷"了，去放松一下！

好耶！

游乐天地

您距孩子心目中的理想父母有多远

情景再现

父母的烦恼

孩子总觉得我不理解他,可我觉得他成绩不好,还不想去上兴趣班,就是因为不够努力和自觉。看着他不开心的样子我也着急,我到底该怎么做呢?

孩子的心里话

我每次遇到挫折都希望得到安慰,可爸爸妈妈只会指责我,遇到与我有关的事情,总是替我做决定,从来不和我沟通。他们为什么不能了解一下我的感受呢?

理想型父母并没有一个固定的标准,因为每个家庭都是独特的。然而,一般来说,理想型父母通常都能理解孩子的想法和感受,尊重孩子的个性和选择,即使孩子的选择不完全符合父母的期望。理想型父母能够与孩子建立沟通的桥梁,倾听孩子的声音,并分享自己的想法和感受,还能在孩子追求梦想和面对困难时提供支持和鼓励,帮助孩子建立自信。

总之,理想型父母是那些能够给予孩子足够的爱、支持、理解和指导,同时又能尊重孩子的个性发展的父母。他们不是完美的,但他们愿意为了孩子的成长和幸福而不断努力、不断进步。

沟通方式

暴力沟通

你考试没考好,又不想上兴趣班,这都是因为你自己不够努力!

坏处

伤害孩子的感情,导致亲子关系紧张,孩子不愿进一步沟通。

非暴力沟通

宝贝,这次没做好没关系,我们一起找找原因,争取下次能有所提升。

好处

让孩子感到被尊重,愿意主动沟通,增进亲子关系。

总结

孩子渴望被父母理解,但是父母总是以批判的方式回应孩子,致使孩子不愿意与父母沟通。家长应多倾听孩子的心声,了解他们面对的困难,引导孩子健康成长。

理想型父母的行动措施

① 耐心倾听，平等交流

当孩子表达想法时，家长要认真倾听，不打断、不批评，让孩子感受到被尊重。

② 换位思考，理解包容

多从孩子的角度看问题，理解他们的困难和感受，不轻易否定孩子的想法和努力。

③ 自我反思，及时改进

定期反思与孩子相处的方式，发现问题及时调整，不断提升亲子沟通的质量。

> 妈妈，我这次没考好，我好难受！

> 没事，宝贝！你已经够努力了，我们不妨找找问题在哪儿，以更好地应对下一次考试！

第2章

不当家长，与孩子做朋友

> 儿子，你的风筝飞得好高啊，教教我吧！

放下"架子",做个"大孩子"

情景再现

哎呀,真笨,连风筝都放不好!

儿子,你怎么不玩了?!

一个人玩真没劲,回家!

爸爸,你能帮我修风筝吗?

修什么风筝?你赶紧写作业去!

为什么我学习的时候您看不见,玩的时候就能看见呢?

都鼓捣一天了,还玩不够吗?

父母的烦恼

孩子总是希望我能和他一起玩,但是我对那些幼稚的游戏实在没兴趣,况且我工作忙、压力大,有时候真的没时间、没心情陪他玩。

孩子的心里话

一个人玩很没意思,我想让爸爸妈妈陪我一起玩,可他们不是说没兴趣,就是说自己忙没时间,反正就是不愿意陪我。

孩子天真无邪,他们的世界里没有面子和权威,只有平等的伙伴和朋友。然而,许多父母却常常摆出家长的"架子",从心理上将自己与孩子区别开来。

父母之所以难以放下"架子",有多方面的原因。首先,一些父母认为如果跟孩子一起嬉戏就会失去权威,往后孩子会不听话。其次,因为工作繁忙或情绪不好,没时间或没心情参与孩子的游戏。最后,大部分父母没有认识到陪伴在孩子成长过程中的重要性。

陪伴是家庭教育中最重要的一环。它不仅能够培养融洽的亲子关系,也会让孩子感受到来自父母的关注和爱,有助于孩子健康、乐观、自信地成长。

沟通方式

暴力沟通

> 这是小孩子玩的东西,别烦我,自己玩去!

坏处

这种沟通方式将会在父母和孩子之间筑起一道无形的屏障,阻断亲子沟通。

非暴力沟通

> 宝贝,这个拼图真有趣,让我们比一比,看谁拼得快,好不好?

好处

主动参与孩子的游戏,在游戏过程中增进亲子关系,同时培养孩子的专注力和观察力。

总结

父母的陪伴和支持是孩子成长过程中不可缺少的。放下"架子",做个"大孩子",不仅能让父母与孩子之间建立更紧密的联系,还能让孩子在快乐的家庭氛围中健康成长。因此,父母应该珍惜与孩子相处的时光,用心陪伴他们成长。

理想型父母的行动措施

① 定期安排亲子时间　无论工作有多忙,父母都要定期安排时间与孩子相处,如每周设定一个固定的亲子游戏时间,让孩子期待并享受这段美好时光。

② 全身心投入　在陪伴孩子时,要全身心投入,不要一边陪孩子一边处理工作或看手机。

③ 尊重孩子的想法　与孩子一起参加活动时,要尊重孩子的想法和意见;当孩子遇到问题时,要引导他们分析问题、解决问题。

> 儿子,你的风筝飞得好高啊,教教我吧!

> 那可是我总结的诀窍,想学吗?嘻嘻……不告诉您!

尊重孩子的"小秘密"

情景再现

这孩子,每次都把卧室弄得乱七八糟的!

这是什么?好像是个日记本。我看看……

为什么偷看我的日记?

你这孩子,有什么事情不能让妈妈知道呢?

妈妈真讨厌!

你给我回来!

父母的烦恼

孩子渐渐长大了，很多话都不和父母说了，不管吧，害怕他受到伤害；管吧，他又总说要尊重他的秘密和个人隐私。唉，真让人为难。

孩子的心里话

我慢慢长大了，有些事情我只想放在心里，不想让别人知道。我并不是不相信爸爸妈妈，只是希望他们能理解我，给我留一些私人空间。

孩子逐渐长大，他们的自我意识逐渐觉醒，心思越来越细密了。这时的他们都渴望拥有一片属于自己的空间，不仅仅是生活空间，也包括他们的内心世界。日记，就是孩子们自己的精神家园。

此时的孩子，内心既敏感又脆弱，将个人隐私看得尤为重要。父母不能通过偷看孩子日记或其他方式来窥探孩子的内心世界，这样不仅是对孩子不信任和不尊重的表现，更侵犯了他们的隐私，容易让孩子产生戒备心理和逆反心理。

因此，父母既要关爱孩子，又要尊重孩子，给孩子留一点儿私人空间，这样亲子关系才会更加和谐。

沟通方式

暴力沟通

有事也不和爸爸妈妈说,看看你写的日记有什么啊?还不是为你好!

坏处

这种质问的方式可能会让孩子感到被冒犯,会激起他们的抵触情绪和逆反心理。

非暴力沟通

孩子,妈妈注意到你最近在写日记,这很好。如果你需要爸爸妈妈的帮助,一定要告诉我们。

好处

这种沟通方式表现出对孩子的尊重和理解,能够增进亲子间的信任。

总结

尊重孩子的"小秘密"对于建立良好的亲子关系至关重要。孩子在长大,父母的教养观念也应随之改变。信任孩子,允许他们拥有自己的空间和隐私,这既是一种爱的表现,也是对孩子人格的尊重。父母通过非暴力沟通的方式向孩子表达关心和支持,可以让孩子感受到被关爱和被理解。

理想型父母的行动措施

① 尊重隐私，不过度干涉

父母应尊重孩子的隐私和个人空间，给予孩子足够的信任和支持，允许孩子保留一块属于自己的精神家园。

② 建立开放的沟通渠道

为了让孩子感受到家长的关心和支持，父母要以平等的态度去和孩子沟通，鼓励孩子表达自己的想法和感受，同时认真倾听并积极给予回应。

③ 互相信任

孩子和父母之间的信任是相互的，与其让孩子担心自己的日记会被家长偷看，不如主动送孩子一个可以上锁的日记本。

> 这个密码日记本是妈妈送给你的生日礼物，妈妈保证不会偷看你的日记。

> 谢谢妈妈！

向孩子认错不丢人

情景再现

很可能是这调皮的小子干的,我回去说说他啊!

小明他爸,刚刚我从窗户看到小明从我家门口跑过去了,出门就看到一地花盆碎片,也不知道是不是小明碰的。

王奶奶家的花盆是你碰倒的吧,做了就要承认,撒谎可是大问题!

爸爸,真不是我做的,你要相信我!

邻居看到说花盆是小猫碰倒的,可别错怪孩子了。

哎呀,小事而已,还不是你自己没说清楚。

爸爸,你冤枉我了,你要向我道歉。

父母的烦恼

有时候我们难免会错怪孩子，可哪有父母给孩子认错的呀？如果那样做，不仅自己面子上过不去，恐怕孩子以后会更不听话。唉！

孩子的心里话

其实，我知道爸爸妈妈有时候也不是故意冤枉我的，他们也有做错事的时候。只要他们愿意承认错误，我不但不会觉得他们不好，反而会更尊重他们。

"人非圣贤，孰能无过？"日常生活中，在教育孩子的时候，很多父母难免会犯错，会冤枉、错怪孩子。

一些父母认为，给孩子道歉就是承认自己的不完美，就是向孩子低头，自己的权威就会受到挑战，以后将很难有效地管教孩子。因此，他们即使知道自己错了，也绝不道歉。

要知道，在孩子的成长过程中，父母的言传身教会对他们将来为人处世的态度和方式产生潜移默化的影响。这就要求父母以身作则，为孩子树立榜样。这也是教育孩子的最好方式。

沟通方式

暴力沟通

> 你委屈什么？说你两句怎么啦？还想让我跟你认错不成？

坏处

这种沟通方式会让孩子感到被压制，不敢再发表自己的看法，长期下去可能导致孩子缺乏自信和主见。

非暴力沟通

> 儿子，你说得对，爸爸确实冤枉你了。以后爸爸在不了解实情的情况下，一定不会妄下结论了。

好处

这样的回应既能够让孩子感受到被尊重和认可，同时也给孩子做出了勇于面对错误、承担责任的榜样。

总结

在孩子心目中，父母是他们的超级英雄。作为父母，也要让孩子明白，即使自己是他们心目中的英雄，也并非完美无缺。父母犯了错，就要坦诚地向孩子认错，这样不仅不丢人，反而能够展现出父母的真诚和勇气。

理想型父母的行动措施

① 调查事实后再做判断

作为家长，我们在面对孩子的错误行为时，应该保持理性，要了解清楚事情的来龙去脉或真实情况后再去做判断。

② 放下身段，真诚道歉

当父母误解或冤枉孩子时，应该坦诚地向孩子承认错误并表达歉意，这是对孩子的一种尊重。

③ 共同解决问题

要与孩子一起探讨如何避免类似错误的再次发生，共同寻找解决问题的方案。在沟通的过程中，了解孩子的内心世界。

> 儿子，爸爸差点儿错怪你，对不起。

> 爸爸，没关系，我原谅您啦！

学习不是孩子的全部

情景再现

可不能这么下去了，赶紧给孩子多买点儿辅导书吧！

别去画画了，先把我给你买的奥数题做完！

哦！

以后咱们就按这个计划来学习！

怎么连画画的时间都没有啊？

说得好听，关键是得兑现啊，我都不抱希望啦！

别不开心啦！期末考试后爸爸带你去游乐场玩。

父母的烦恼

看着孩子每天都在努力地学习，其实我们做父母的也心疼。但别人家的孩子也都在努力学习，他只要稍有松懈就有可能落后于人。对他们而言，学习是当前最重要的事，少玩一会儿也没什么。

孩子的心里话

我真的好累，每天都在学习，都没有时间去做自己喜欢的事情了。我就像一只被关在笼子里的小鸟，都快忘记大自然的模样了。

社会竞争日益激烈，就业压力大，父母担心孩子学业不好，在未来会无法立足。因此，他们不断给孩子加压，希望通过增加学习时长、参加各种补习班和兴趣班来提升孩子的竞争力，这种愿望和出发点无疑是积极的。

然而，这种做法却挤占了孩子的玩乐时间，剥夺了孩子的童年快乐。

孩子们在繁重的课业和各种培训课程中失去了原本应该拥有的童年乐趣。长期置身于这样的环境中，孩子的身心健康难免会受到影响，甚至可能会对学习产生强烈的厌倦和抵触情绪。

沟通方式

暴力沟通

每天就知道玩，画画能画出好成绩来吗？快去做作业！除了学习，你什么事都不用管！

坏处

本来就因为不能去玩心里不痛快，加上这种强迫式的沟通方式，孩子很容易产生逆反心理。

非暴力沟通

我们一起制订一个合理的学习计划，你既可以玩得开心，又不会耽误学习，怎么样？

好处

这种沟通方式尊重了孩子的感受和需求，能够引导他们平衡学习和玩耍的时间。

总结

孩子的童年应该是快乐的、无忧无虑的。在追求学业进步的同时，父母也应充分认识到尊重孩子个性和需求的重要性。孩子不仅需要学习知识，更需要有足够的自由和时间享受童年生活，发展自己的兴趣爱好。只有这样，孩子才能在快乐中成长，拥有健康的身心和积极向上的心态。

理想型父母的行动措施

① **合理安排学习与娱乐时间**　父母与孩子共同制订一个时间表，明确学习、休息和娱乐的时间，确保孩子每天都有足够的休息和娱乐时间。

② **尊重孩子的兴趣和选择**　父母应鼓励孩子发展自己的兴趣，表达自己的想法，不强迫孩子参加他们不感兴趣的课程，支持他们的选择。

③ **创造轻松的家庭氛围**　在家里营造一个轻松、和谐的环境，让孩子感受到家庭的温暖和支持。同时，父母也要学会放松自己，不要焦虑。

> 爸爸妈妈，今天怎么带我出来画画啦？

> 看你学习太累了，换个环境，让你放松一下。

> 生活中不是只有学习，画画也挺好的。

少拿"别人家的孩子"做比较

情景再现

整天就想着玩,跟人家小凯学学,将心思放在学习上,把成绩提上去!

不玩就不玩,别小凯小凯的了,真烦!

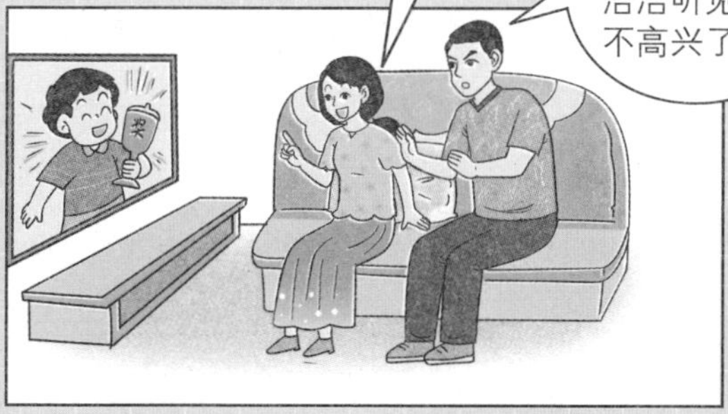

瞧,这孩子多优秀,要是咱家浩浩也能站上领奖台该多好啊!

别这么说,让浩浩听见又该不高兴了!

阿姨好!

哎,小蝶好,多有礼貌的孩子!我们浩浩总不爱和别人打招呼……

妈妈总是拿我和别人做比较,真烦!

父母的烦恼

别人家的孩子成绩名列前茅，还有自己的特长，我家的孩子不仅学习不努力，也没有一技之长。我真的很无奈。都说不要和别人家的孩子比，可是我忍不住啊！

孩子的心里话

我真的很委屈。爸爸妈妈眼里只有别人家的孩子，我什么都不是。难道我真的一无是处吗？我到底怎么做他们才能满意啊！

很多家长习惯拿"别人家的孩子"来跟自己的孩子做比较。他们是想用"别人家的孩子"来激励自家孩子上进。其实这种比较会挫伤孩子的自尊心，久而久之会让孩子陷入自我怀疑、自我否定的情绪中，从而变得自卑，不愿与别人交流。

"尺有所短，寸有所长。"每个孩子都是独立的个体，拥有独特的天资和个性，家长不要总拿别人家孩子的优点跟自己孩子的缺点比，也不要总把目光放在别人家孩子的身上，应该把目光收回来，多发现和关注自己孩子身上的闪光点，进而因"材"培养，合理引导，让孩子接纳自己，鼓励孩子发挥自身优势，活出自己的精彩。

沟通方式

暴力沟通

你看人家小蝶，每学期都拿"三好学生"，你啥时候也给我拿个奖状回来？

坏处

盲目的比较和打压会伤害孩子的自尊心，使其变得自卑、懦弱，影响孩子的身心健康。

非暴力沟通

莉莉，这学期表现不错，得了"班级进步奖"，妈妈为你高兴！

好处

看到孩子的进步要有积极的回应，多给予鼓励，这样可以增强孩子的自信心，让他变得更好。

💬 总结

盲目进行比较是没有意义的，因为别人的成功是不可复制的。因此，家长要先调整好自己的心态，用平常心看待孩子的不足，帮他扬长补短，并根据孩子的实际情况去培养他。平时多发现孩子的进步和闪光点，适时鼓励，让他变得自信、乐观。

理想型父母的行动措施

① **换种方式比较，培养自信**
把"别人家的孩子"忘掉，专注自己孩子的现在和过去，比如过去不会的，现在会了，过去做不好的，现在做好了，让孩子重拾自信。

② **分析具体行为和细节，给予鼓励**
鼓励不能含糊其词，如"你比以前好多了"，要指出具体在哪里进步了，如"你的数学成绩从及格变成了优秀"。

③ **制订切实的目标，逐步进阶**
帮孩子制订阶段性的、稍加努力就能够达到的、切实的目标，让他能够不断地体验到实现目标的成就感。切勿将目标定得太高、太遥不可及。

> 语文和数学的分数都有提高哦！

> 嗯，不和别人比，我们浩浩成绩一直都很稳定哦！

第3章

善于管理情绪，不吼不叫不焦虑

> 放轻松，要相信自己是最棒的。加油，儿子！

孩子闹情绪，父母不上火

情景再现

兰兰，你该去写作业了。

爸爸，我再看一集就去写作业可以吗？

不行，再看一集的话，你的作业就写不完了。

就知道让我写作业！

你这是和书在"定眼观瞧"呢？这么久了都不翻页？

不要你管！

父母的烦恼

孩子最近总是闹情绪，作业不愿写，学校不想去，动不动就发脾气。我真不知道该拿他怎么办，真是头疼！

孩子的心里话

我也不知道是怎么回事，最近就是不高兴。我就想发泄一下，可是爸爸妈妈一点儿都不理解，他们只会埋怨我、责备我。

孩子在成长的过程中出现情绪波动是很常见的现象。情绪波动是孩子个性发展和自我认知意识增强的一种表达方式。当孩子闹情绪时，父母不应该简单地指责或忽视，而应该尝试理解他们的感受。

孩子闹情绪的原因多种多样，可能是因为学习压力过大，或者与小伙伴发生了矛盾，抑或是愿望没有得到满足等。在这些情况下，孩子可能会情绪低落，又或者出现无理取闹、顶嘴等行为，这其实是他们想引起别人的关注。

作为父母，我们不仅要给予孩子物质上的满足，更重要的是要给予孩子情感上的关怀和支持。我们应该多花些时间耐心倾听孩子的心声，了解他们的真实感受和需求。

沟通方式

暴力沟通

你这孩子怎么这么不懂事呢，作业不做，学校也不想去，你到底想怎么样？

坏处

这种沟通方式会让孩子感到被否定和不被理解，可能会让他们更加不愿与父母交流。

非暴力沟通

宝贝，今天你看起来心情不太好，能告诉妈妈遇到什么事了吗？

好处

这种沟通方式能够让孩子感到被关心和被理解，他们会更愿意与父母分享自己内心的感受和遇到的困惑。

总结

孩子闹情绪时，父母应保持冷静，避免因急躁而加剧冲突。要接纳孩子的情绪，站在他们的角度考虑问题，通过有效的沟通帮助孩子疏导不良情绪，并和他们一起寻找解决问题的方法。

理想型父母的行动措施

① 倾听和理解

当孩子闹情绪时，父母应耐心倾听孩子的话，尝试理解他们的感受，并给予适当的安慰和支持。

② 正确引导，疏解情绪

父母可以引导孩子以健康的方式表达情绪，比如写日记、绘画或与信任的人交谈，而不是通过负面行为来宣泄情绪。

③ 建立规则和界限

父母需要为孩子设定合理的规则和界限，告诉孩子什么行为是可以接受的、什么行为是不可以接受的，例如规定完成作业后才能玩耍。

> 在学校要听老师的话，不要乱发脾气，有什么事放学后和妈妈说。

> 嗯，我知道了！

孩子焦虑，父母不抓狂

情景再现

别担心，要相信自己。

明天就是国际象棋决赛了，我有点儿紧张。

没胃口，吃不下……

饭菜都是你爱吃的，你怎么不吃呢？

都十点了，你怎么还不睡觉？明天还有比赛呢！

不要过于看重这次比赛，孩子以平常心对待就行了。

这次比赛很关键，我看孩子挺紧张的，万一发挥不好……

父母的烦恼

孩子在比赛前总是情绪低落、食欲不振，也不愿意说话，总是自己一个人在屋里闷着。忍不住说他两句，他要么不吭声，要么就急眼。这到底是怎么回事？我们该怎么办？

孩子的心里话

我好紧张，总担心比赛时发挥不好。晚上睡不着，吃饭也没有胃口，什么都不想干，也不想说话，只想一个人静静地待一会儿。可爸爸妈妈一点儿也不在意我的感受，总是批评我，唉！

很多人觉得孩子的生活是无忧无虑的，哪有什么烦恼啊！因此，很少有家长会特别关注孩子的心理健康。实际上，孩子也会产生各种心理障碍，其中以焦虑最为常见。

绝大多数孩子在焦虑的时候会选择隐忍来压抑自己；有些孩子则会表现为行为上的改变，如冲动易怒、失眠、不合群、食欲下降等。

孩子紧张、焦虑或情绪低落的原因很多，也许是学习压力大、考试没考好，也许是被老师批评了，还可能是和朋友有了矛盾，抑或因为转学、搬家等事情导致了不适应。此时，父母要多观察和了解孩子，通过积极的沟通，缓解他们的负面情绪。

沟通方式

暴力沟通

瞧你那点儿出息，决赛你要是不拿个第一，兴趣班就白上了！

坏处

否定孩子会让本就处于焦虑中的他们产生更大的压力，然后否定自己，产生自卑心理。

非暴力沟通

明天就要决赛了，有点儿紧张是正常的。你可以和妈妈说说，或者做些喜欢的事分散一下注意力，看看会不会好一些。

好处

让孩子知道你理解他的感受，这样，他以后就会主动找你帮他解决问题了。

总结

孩子有了焦虑情绪以后，父母要理解和接纳它，要站在孩子的角度来思考问题。感同身受是和孩子进行有效沟通的前提，很多父母看到孩子情绪低落时不闻不问，也不愿意花时间去了解原因，时间久了，父母就失去了与孩子沟通的机会，也失去了与孩子一起解决问题的机会。

理想型父母的行动措施

① 了解问题，提供帮助

父母发现孩子情绪不好时，应及时询问，了解孩子哪方面出了问题。要体谅孩子，安抚孩子，并帮他找出解决方法。

② 高屋建瓴，智慧引领

孩子看问题没有成人那么深刻，他们很容易为一些小挫折而苦恼。父母不妨用励志话语去激励他们，引导孩子正确看待挫折。

③ 给予空间，让其独处

孩子情绪低落时，父母不要横加指责或反复唠叨，不妨让孩子一个人静静地待在一个地方，接纳并消化自己的情绪。

孩子叛逆，父母不吼叫

情景再现

父母的烦恼

孩子越来越不听话，要么装听不见，要么唱反调；自己的主意也多了，我们说什么他都有一大堆理由，气得我总是忍不住吼他几句。

孩子的心里话

我都长大了，为什么不能做自己想做的事情？爸爸妈妈总把我当小孩子看，也不理解我的想法，整天说我这儿做得不对那儿做得不行的，着急了还会对我吼。好烦啊！

叛逆是孩子在成长过程中探索自我、寻求独立的一种表现。叛逆期的孩子可能会出现挑战权威、反抗规则等行为。这可能是父母对孩子过度溺爱，导致孩子变得以自我为中心，进入叛逆期后，性格变得更加骄纵了。另外，亲子间缺乏有效沟通，致使孩子想通过叛逆来吸引家长的注意，表达自己的独立愿望。最后，自我意识的觉醒让孩子意识到自己已经长大了，从而渴望摆脱父母的控制。

父母在面对孩子的叛逆时，应保持冷静，尝试了解孩子的内心世界，并通过有效沟通来引导孩子正确表达自己的想法，不宜用吼叫来压制他们。

沟通方式

暴力沟通

你再这样不听话，我们就不管你了，看你到时候怎么办！

坏处

这种沟通方式会让孩子感到被排斥和不被理解，可能会加剧孩子的叛逆行为。

非暴力沟通

爸爸妈妈知道你不想让我们管太多，但是为了你的健康成长，可以坐下来跟我们说说你的想法吗？

好处

这种沟通方式能让孩子感到被关心和被理解，有助于建立信任，舒缓对立情绪，促进问题的解决。

💬 **总结**

叛逆期的孩子渴望独立，他们想要证明自己已经长大了。只要不违背大的原则，父母可以适当放手，给孩子尝试的机会，然后在孩子需要帮助时给予正确的引导。其实孩子想要的并不多，只是一些爱和关心。只要父母和孩子共同努力，一定能帮孩子平稳地度过叛逆期。

理想型父母的行动措施

① 多给孩子选择的权利

在孩子叛逆期,父母与其直接给出指令,不如给孩子提供一些建议,让他们自己做决定。

② 学会尊重孩子

叛逆的孩子渴望尊重,渴望独立,希望别人把他们当成大人,平等相待。那么,家长也应该用平等的态度与他们交流。

③ 给孩子做好表率

父母在日常生活中要严于律己,给孩子树立一个良好的榜样。这样,孩子才能够在父母的引导下健康成长,形成正确的价值观。

> 我们尊重你的选择,你以后有什么想法,都可以告诉爸爸妈妈。

> 爸爸妈妈,我只是希望你们能对我多些理解。

> 孩子,你长大了。

孩子厌学，父母不焦虑

情景再现

- 玲玲，赶快起床，上学要迟到了！
- 又要上学……
- 老师，我肚子不舒服……
- 玲玲，坐好，注意听讲！
- 这孩子……
- 老师说你上课时不认真听讲，作业也不写，是怎么回事？
- 上学太没意思了……

父母的烦恼

孩子最近总是抱怨学习没意思，一听到上学就烦，甚至在课堂上睡觉，回家不写作业，成绩也开始下滑。我们担心他的未来，不知道怎么办才好。

孩子的心里话

学习好没劲！每天有背不完的书、写不完的作业，成绩不好的话还得挨老师的批评和爸爸妈妈的训斥。真是学海无涯，苦海无边啊！什么时候我才能不用学习啊！

孩子出现厌学情绪，其实是一个正常的现象，尤其是在青少年时期，这种情况相当普遍。实际上，导致孩子厌学的原因多种多样。

比如学习压力大。这种压力可能来自学校过高的要求、父母对成绩的期待，或者是孩子对自己要求过高。当孩子出现厌学情绪时，他们可能会有注意力不集中、写作业拖拉、成绩下滑、对学校生活失去热情等现象。

父母在面对孩子的厌学情绪时，不要过度焦虑，而应尝试理解孩子的感受，寻找激发孩子学习兴趣的方法。如果孩子没有学习兴趣，就是请再好的家教、买再多的练习资料都不管用。

沟通方式

暴力沟通

> 你现在的任务就是学习，再这样贪玩，将来能有什么出息？

坏处

> 这种命令式、强压式的沟通方式会让孩子感到压力，强化其厌学情绪，导致亲子关系紧张。

非暴力沟通

> 孩子，你最近对学习好像提不起兴趣，是遇到什么问题了吗？能不能跟我们说说？

好处

> 这种沟通方式能够让孩子感到被理解和支持，有助于达成积极、顺畅的亲子沟通，尽早解决问题。

总结

面对孩子的厌学情绪，父母需冷静，避免将焦虑传递给孩子。要理解和接纳孩子的感受，尝试站在他们的角度思考问题，这是建立有效沟通的前提。通过积极沟通，父母可以帮助孩子找到学习的动力和兴趣。总之，父母应做孩子成长路上的引导者和支持者，而不是一味地抱怨他们，为他们焦虑。

理想型父母的行动措施

① 探索兴趣点

父母应与孩子一起探讨感兴趣的话题,尝试将这些兴趣与学习内容相结合,提高孩子学习的积极性。

② 提供必要的支持

鼓励孩子在遇到困难时表达出来,并提供必要的帮助和支持,让孩子感受到父母的关爱和理解。

③ 营造轻松的学习环境

父母要为孩子创造一个轻松愉快的学习环境,不要给孩子制订过高的目标,也不要进行打骂式教育。

> 孩子,成绩上不去可能是方法不对,我们一起来想想办法。

> 妈妈,其实我不是不想学习,只是成绩总上不去,压力很大。

孩子沉迷游戏，父母不急躁

情景再现

知道啦！

飞飞，我出去一下，你玩一会儿游戏就去写作业，听见没？

今天是周末，现在才下午三点，我玩一会儿再去写作业也来得及。

让你玩一会儿就去写作业，这都下午六点了，你还在玩游戏！

你只顾打游戏，都晚上十点了，你作业还没写完！

父母的烦恼

孩子最近沉迷游戏，上课走神，做作业拖拖拉拉，成绩一天天下滑，太让人焦虑了。怎么才能把孩子从游戏的泥潭里拉出来啊？

孩子的心里话

我知道我不应该因为游戏而耽误学习，但游戏实在是太吸引人了。我希望爸爸妈妈能理解我，不要总是责备我，我也想找到控制自己的方法。

对孩子来说，玩游戏相较于学习往往更具吸引力。电子游戏满足了孩子的猎奇、探险和寻求刺激的心理，同时也为他们提供了一个逃离现实世界、放松身心的避风港。当然，孩子沉迷游戏背后的原因还有很多，比如，当孩子缺乏其他兴趣爱好时，他们可能会选择用游戏来填补空闲时间。此外，不稳定的家庭环境、缺乏父母的关注和陪伴，也可能成为孩子沉迷游戏的诱因。

适度地玩游戏可以带来乐趣和好处，但过度沉迷则会对孩子的学习和生活产生负面影响。面对孩子沉迷游戏的问题，家长要充分了解孩子内心的需求，引导他们通过健康的娱乐活动来放松身心。

沟通方式

暴力沟通

> 你再这样,我就把你的游戏机摔了,看你还怎么玩!

坏处

> 这种沟通方式直接、粗暴,不仅不会让孩子接受,还会激起他(她)的逆反情绪,让事情变得更糟。

非暴力沟通

> 孩子,我们不反对你玩游戏,但不能过度。我们想一个既能玩游戏又不影响学习和休息的办法好不好?

好处

> 这种沟通方式能够让孩子感到被尊重和被理解,使他们更愿意与父母一起寻找解决问题的方案。

总结

若父母过度放任孩子玩游戏,不仅会影响孩子的学业,还可能使其形成不健康的生活方式。面对孩子沉迷游戏的情况,父母首先应以身作则,做孩子的榜样。其次要冷静、有耐心,与孩子进行有效的沟通,深入了解孩子内心的需求,帮助孩子培养自控力,养成健康的生活习惯。

理想型父母的行动措施

① 设定合理边界

父母与孩子坐下来商讨，制订出一个双方都能接受的时间表，让孩子在享受游戏乐趣的同时，学会自我管理和规划时间。

② 培养兴趣

平时可以与孩子一同进行运动锻炼，如户外探险、跑步、游泳等，通过运动转移孩子的注意力，减少孩子玩游戏的时间。

③ 重视亲子交流

父母应重视与孩子的情感连接，耐心倾听孩子的心声，了解他们的内心世界，和他们一起面对并解决成长过程中的困惑与挑战。

以后我每天只玩半个小时，然后就去学习。

这样做就对了！

好，男子汉说到就要做到哦！

孩子"平凡",父母不担忧

情景再现

我家那小子前两天得了全国小学生作文比赛一等奖,哈哈哈!

真棒!这孩子以后一定能成大事!

祝贺你!

大奖也不是人人都能拿的……

我同学的孩子获得了全国小学生作文比赛的一等奖,真是让人羡慕。咱东东啥时候也拿个奖回来啊?

看,人家都到维也纳的金色大厅演奏了!要不让咱儿子也学钢琴吧!

我才不要学钢琴呢!

你怎么就没什么拿得出手的成绩呢?

父母的烦恼

我们给孩子制订了一些学习计划，陪着孩子一起学习，但他成绩始终不上不下的，真让人烦闷。想给孩子报个兴趣班，培养一下特长，孩子总是不愿意，有时候真的不知道该怎么办。

孩子的心里话

爸爸妈妈总想让我提高成绩，我一做家庭作业，妈妈就坐在旁边，弄得我心烦意乱，注意力怎么也集中不起来。爸爸妈妈还总说我没有特长，给我报了一些我不喜欢的兴趣班，我真的好烦。

现在许多家长对孩子寄予了极高的期望，希望他们在学业、才艺、社交等各个领域都取得卓越的成就。然而，我们必须清醒地认识到，每个孩子都有其独特的个性和天赋，并非所有孩子都能成为顶尖人才。因此，家长要降低自己的期望值，接受孩子的"平凡"。但这并不意味着对孩子放任不管，而是要积极引导孩子，挖掘他们的潜能。

过高的期望可能会给孩子带来压力，让他们感到无法承受。因此，我们要学会调整自己的期望值，让孩子在轻松、愉快的环境中成长。

沟通方式

暴力沟通

你同桌和你在同一个班级,同样的老师给你们上课,你怎么和人家差这么多!

坏处

否定孩子的努力,很可能让孩子产生逆反心理。

非暴力沟通

虽然你的成绩没有提高,但你每次考试结束后都认真地整理错题,这一点做得非常好。

好处

肯定孩子的努力,并且发现孩子的闪光点,给予孩子向上的力量。

总结

当孩子面对父母过高的期望时,他们可能会产生逆反心理,这种心理可能会对孩子的成长产生负面影响。降低对孩子的期望值,接受他们的"平凡",对于家长来说是一个重要的心态转变过程。减轻孩子的压力,让他们在一个更加宽松、自由的环境中健康成长。

理想型父母的行动措施

① 审视自身期望
深入思考自己对孩子的期望是否过高或过于理想化。要把关注点放在孩子的幸福和成长上，而不是仅仅追求外在的成功和成就。

② 接纳孩子的独特性
尊重孩子的个性，理解并接纳他们的优点和缺点。鼓励孩子按照自己的兴趣去发展，而不是强迫他们走家长设定的道路。

③ 重视过程
关注孩子的努力和进步，不要只看重结果。要关注孩子的身体健康、心理健康，培养他们的社交能力。

> 这次考试我没有进步很多，好失落。

> 宝贝，成绩只是体现了你的某一个方面的不足，并不是全部。你健康快乐地长大才是爸爸妈妈最大的心愿。

第4章
言传身教，培养孩子良好品德

待会儿到舅舅家，记得要向舅舅和舅妈问好！

孩子有礼貌，都是家长教出来的

情景再现

这孩子，叔叔阿姨来了也不打个招呼，没礼貌！

哈哈哈，这个也太好笑了！

这些都是我爱吃的！

东东，餐桌礼仪你忘了吗？

乐乐，快和阿姨说再见。

平时我们也没少教育他要懂礼貌，他怎么就是学不会呢？

消消气，可能是我们的教育方式不对……

父母的烦恼

我家孩子一点儿礼貌都不懂，比如吃饭时，不顾及别人，把好吃的都放在自己面前；来客人时，连个招呼也不打；在公共场所总是大喊大叫……平时没少提醒他，可他根本不长记性，真让人头疼！

孩子的心里话

爸爸妈妈总说我没礼貌。我吃自己喜欢吃的东西有什么错？家里来了客人，为什么非要和他们打招呼？公共场所就不能说话了吗？也没人教我该怎么称呼别人……到底怎么才算有礼貌呢？

孩子表现得不礼貌，出现不打招呼、大喊大叫等行为会让父母觉得非常窘迫，忍不住呵斥孩子或者找理由搪塞。然而，很多孩子之所以不礼貌，问题往往出在父母身上。这些父母只盯着孩子的学习，却忽视了对孩子进行礼仪教育，认为孩子长大了自然就会懂。这样会导致孩子心中没有礼貌的概念，逐渐变得以自我为中心。

父母是孩子的第一任老师。要想孩子懂礼貌，就要重视礼仪教育，告诉孩子什么是礼貌、具体该怎么做等。否则，等孩子长大后，必将影响他们的人际关系和未来发展。

沟通方式

暴力沟通

你怎么不和客人打招呼呢？太没礼貌了！你看小佳，见人就说"阿姨好""爷爷好"，多招人喜欢！

坏处

一味指责孩子，并不能纠正孩子不懂礼貌的行为；拿别人家的孩子做比较，会让孩子产生逆反心理。

非暴力沟通

那位爷爷姓张，你可以称呼他"张爷爷"。张爷爷特别喜欢你，以后见了一定要向他问好！

好处

先让孩子明白父母对他们的理解，然后再进行教育，这样孩子就能听得进去，从而达到我们想要的效果。

💬 **总结**

孩子表现得不讲礼貌，家长不要心急，更不要呵斥或强迫他们。要充分了解原因，因势利导，晓之以理、动之以情，让孩子逐渐明白讲礼貌的意义，了解什么样的行为是礼貌的、什么样的行为是不礼貌的。日积月累，他们就会讲礼貌了。

理想型父母的行动措施

① 言行示范，做好榜样

想要孩子懂礼貌，父母需要做个榜样，从自己的一言一行做起，把讲礼貌落实到行动中，孩子遇到类似情况就会"有样学样"。

② 真实场景，知行结合

除了在口头上要教育孩子讲文明、懂礼貌，还需设置一些真实场景，或带孩子接触其他人，引导孩子用礼貌的语言和他人交流。

③ 明确错误，及时纠正

孩子有不礼貌的言行时，家长要及时予以纠正，明确告诉孩子应该怎么做。否则，孩子认识不到自己的错误，就会一再犯错。

与人为善，应该成为家风

情景再现

— 东东，今天发生了什么事，为什么心情不好啊？

— 同桌小颖要借我新买的橡皮，我不借，她就说我小气，哼！

— 那只小猫多可爱啊，你为什么要踢它？

— 你看它脏兮兮的，哪里可爱呀？

— 爸爸，他们那里地震受灾，你们为什么要捐款？

— 我们单位明天要为灾区组织一个募捐活动。

— 我以前告诉过你，遇到有困难的人，要为其提供力所能及的帮助，你都忘记了吗？

父母的烦恼

都说孩子是"小天使",可是我的孩子却不懂得关心和帮助他人,他长大了怎么办呢?

孩子的心里话

我的东西凭什么要给别人用?别人的事情跟我有什么关系呢?我管好自己的事不就行了?什么叫同情,为什么要献爱心?我不懂也不想弄明白这些。

家庭是人生的第一站,也是孩子品格教育的第一课堂。当前,人们的生活富裕了,很多父母对孩子百依百顺,导致孩子变得自私、任性,把别人的付出视为理所应当,以自我为中心,不懂得体谅他人,更不懂得感恩。

苏联教育家苏霍姆林斯基曾说:"良好的情感是在童年时期形成的,如果童年蹉跎,失去的将无法弥补。"所以,情感教育要从小开始。父母与孩子朝夕相处,不仅要给予孩子优越的生活条件,关注他们的身体健康,更要关注孩子的人格健康,这对孩子一生的发展都有着非常重要的意义。

沟通方式

暴力沟通

看看灾区的人多难啊,你怎么一点儿同情心都没有?!

坏处

在孩子还没有建立同情意识的情况下,这种沟通方式不会让他有所触动,相反会让孩子变得更冷漠。

非暴力沟通

灾区的人需要帮助,那里的小朋友连个上学的地方都没有……我们是不是应该想办法帮帮他们呢?

好处

巧妙利用发生在身边的事,通过春风化雨的方式在孩子心中播下善良的种子。

总结

孩子是家庭的一面镜子,家庭是什么样的氛围,采用哪种教育方式,都会在孩子身上表现出来。因此,父母不要一味埋怨孩子,要多自我反省,想想自己平时的一言一行是否对孩子产生了不良影响。当然,更不能忽视和孩子的沟通方式。

理想型父母的行动措施

① 给孩子做榜样

言传身教的力量是无穷的,也是最有效的。父母每一个小小的善举,都会潜移默化地影响孩子的言行。

② 从爱护小动物开始

有爱心是善良的一个重要特征,所以应多给孩子一些机会去培养爱心,比如让孩子养只宠物,以培养孩子的爱心。

③ 让孩子学会分享

大部分孩子的自我意识比较强,尤其是独生子女,习惯了独享一切的生活。而孩子长大后注定要融入群体和社会,所以要让孩子学会分享。

> 小强,快来帮伯伯推车!

> 哎,好!

与孩子一起探索美的世界

情景再现

好漂亮啊!

几朵野花而已,有什么好看的?

这样的画也能叫美?就是胡乱涂抹,我也能画!

太有想象力了!真美!

她哪儿好了,还是模特儿好看!

这个女孩子真好!

咱们孩子的审美好像还停留在表面,真让人担心。

我带她去美术馆的时候也发现了,咱们该培养一下她的审美观了。

父母的烦恼

我们知道童年时期的审美教育对孩子以后的发展非常重要，所以比较重视培养孩子的审美意识。可孩子似乎对美的东西没有感知能力，该怎么办呢？

孩子的心里话

别人觉得美的东西，我却看不出美在哪里。而我觉得好看、有趣的东西，父母都看不上，还说我没眼光，不懂得欣赏，不知道什么是美。到底什么样的东西是美的呢？

审美能力是指一个人对美的感知、欣赏和创造的能力。对孩子而言，提高审美能力，有助于提升创造力、想象力和情感表达能力，使他们在以后的生活中更从容、自信和幸福。然而有些孩子分辨能力较差，加上受特定环境、互联网内容或不健康思想的影响，产生了一些不正确的审美观。而不正确的审美观可能影响孩子的品格修养和心理健康，不利于他们形成正确的价值观。

因此，家长应采用一些正确的教育方法，适当地引导孩子，将孩子的视线转移到正确的审美上来。

沟通方式

暴力沟通

多么美的风景啊,你怎么一点儿兴趣都没有?以后再也不带你出来了!

坏处

以自己的意见为准并要求孩子这样做,这种沟通方式既不能让孩子接受,更难以改变孩子的审美观。

非暴力沟通

孩子,你看这幅画,从表面上看它似乎没什么章法,但如果你从色彩的角度看……

好处

以一种平等的姿态和孩子交流,从欣赏一幅画的方法入手,慢慢引导孩子发现美、欣赏美的意识和能力。

总结

想培养、提高孩子的审美能力或纠正、引导孩子的审美观,家长应放平心态,先了解孩子内心的想法,然后根据孩子的个性特征,潜移默化地去引导他。

理想型父母的行动措施

① 在日常生活中发现美

引导孩子关注身边的人和事，关注生活中的小细节，如一棵草、一朵花等，引导孩子从细微处发现美。

② 在艺术活动中体验美

可带孩子尝试一些艺术创作，如手工艺品制作、雕塑等，让孩子通过实践去体验美。

③ 在自然环境中感受美

多带孩子开展户外旅游等活动，结合自然景物、名胜古迹讲解一些风土人情、历史传说等，帮助孩子认识理解自然景物，加深其对美的感受。

> 真是太美了！

> 怎么样，漂亮吧？

放开手，让孩子直面挫折

情景再现

茜茜，你的数学成绩一直在下滑，为什么上课还不好好听讲呢？

反正数学也学不会，不如看一会儿漫画书。

数学作业都没写，还看漫画书？

数学太难了……

我们要反省一下了。

昨晚茜茜学习时遇到一点儿挫折就想放弃，是不是我们平时太溺爱她了？

父母的烦恼

孩子真是太脆弱了，经受不住一点儿挫折。在生活和学习上遇到一点儿困难，不是叫苦就是逃避；受到一点儿打击或稍不顺心，好几天都蔫头耷脑的。照这样下去，将来怎么办啊？真让人担心。

孩子的心里话

数学课听不懂，连学个滑旱冰都那么难，最要好的朋友过生日不叫我，最心爱的狗狗突然不在了……生活、学习中怎么会有那么多困难和烦心事啊，它们好像专门跟我作对似的！

每个孩子在成长过程中都会遇到一些困难和挫折，能够承受挫折、顶住压力并迎难而上，是成长、成功的必备能力。

然而，现在许多父母十分宠爱孩子，在家里大包大揽，总想帮孩子扫清前进道路上的一切障碍，以致孩子像花盆里的花朵，经不起一点儿打击，遇到困难就手足无措，稍微受点儿委屈或挫折心理就难以承受了。

父母不能永远陪着孩子，孩子总有一天要独自去面对社会、面对生活、面对一切。所以，我们做父母的一定要摆正心态。当孩子遇到挫折时，父母要抓住契机对其加以正确引导，放手让孩子自己去克服，培养孩子的耐挫力。

沟通方式

暴力沟通

一次比赛而已，输了就输了。再说了，你自己不是也没有好好准备吗？

坏处

不接纳孩子受到挫折后的负面情绪，会让孩子觉得得不到父母的理解和重视。

非暴力沟通

虽然比赛没赢，但我们在准备和参加比赛的过程中不是也学到了很多知识和经验吗？

好处

先肯定孩子的努力，缓解孩子的焦虑，给孩子以信心。然后可以和孩子一起分析失利的原因，并找到解决办法。

总结

孩子遇到挫折后，常常会不知所措、伤心难过，甚至自暴自弃。作为父母，我们首先要理解孩子，接纳孩子的负面情绪，然后在鼓励孩子的同时和他们一起找原因、想办法。当然，千万不要为了安慰孩子而把责任归咎于他人或一些外在因素。

理想型父母的行动措施

① 多给孩子一些陪伴
孩子遇到挫折后，会难过、沮丧甚至愤怒。此时，家长最需要做的是陪伴，给孩子一个拥抱，坐下来听一听孩子的倾诉。

② 帮助孩子分析原因
帮助孩子分析原因，让孩子认识到挫折和困难都是暂时的，让他看到希望，使其重拾自信。

③ 帮助孩子养成锻炼身体的习惯
平日里让孩子养成锻炼身体的好习惯，比如带孩子去爬山、远足或进行其他体育活动，这样不仅能强身健体，还是很好的抗挫折教育。

还有多少啊？我快坚持不住啦！

再坚持10个就打破你自己的纪录啦！

诚信之教，家长先行

情景再现

今天就要考试了，万一又不及格可怎么办啊？

有几道题我实在不会，恐怕这次又考不及格了……

你这次考试成绩明明没及格，怎么能和妈妈说及格了呢？

要不是我今天问了老师，都不知道原来你考试没及格，谁教你撒谎的？

还不是和你学的！你上次请假没去上班，我看你也没去医院……

父母的烦恼

不知从什么时候起，孩子变得爱说谎了，经常谎报考试成绩，甚至还作弊，做错了事也不承认。再这样下去，我担心他会成为一个毫无信用的人。这该怎么办呢？

孩子的心里话

我也知道说谎不好，是一种不诚信的行为，可是我好害怕爸爸妈妈不高兴，甚至打骂我。再说了，爸爸妈妈不也撒过谎吗？好像也没什么大不了的。

人无信不立。诚实守信是一种良好的个人品质，也是一个人为人处世的基本原则。然而有些孩子却有爱撒谎、爽约等不诚信的行为，如果放任不管，孩子总是失信于人，会影响其将来的发展。

孩子不诚信的原因有很多：有的是为了逃避惩罚，有的是为了做"人气王"而夸大事实，有的是没有把不诚信的行为放在心上，缺乏诚信意识。

当发现孩子有不诚实的言行时，切不可生气、责备，甚至打骂、体罚等，这样只会适得其反，让孩子为了躲避责罚而说谎。家长要有耐心，认真听取孩子的想法，仔细分析原因，然后对症下药。

沟通方式

暴力沟通

什么？作业本丢了？你怎么不说被外星人拿走了呢？站那儿去，想明白了再吃饭！

坏处

不问清楚原因就指责孩子，会让孩子为了逃避惩罚而选择继续撒谎，甚至会变得自卑、怯懦。

非暴力沟通

孩子，为什么没有完成作业呢？是写字太慢还是没有安排好时间？

好处

先消除孩子内心的惶恐，再和孩子一起分析、解决问题。这样，孩子就不会想方设法欺瞒父母了。

总结

有些家长发现孩子有不诚信的行为后，选择惩罚他们，却忽略了孩子出现不诚信行为的原因。有的孩子可能是为了逃避惩罚，有的孩子可能是因为自尊心过强，有的孩子可能只是单纯的模仿行为……需要家长们找出原因，对症下药。

理想型父母的行动措施

① 以身作则，树立榜样

家长应言行一致，成为孩子的榜样。不在孩子面前撒谎，答应孩子的事情要做到，如果做不到也要跟孩子解释清楚原因。

② 诚信言行，给予鼓励

当家长发现孩子诚实守信时，应及时予以表扬和鼓励，让孩子感受到讲诚信带来的快乐，培养其诚实守信的品质。

③ 及时指正，经常监督

对于孩子不诚信的行为，家长要告诫他失信的后果，让他承担失信的苦果，并做好监督。

有远见的父母，懂得教会孩子感恩

情景再现

妈妈，你快点儿，我都快迟到了！

儿子，来，妈妈帮你系鞋带。

我最爱吃樱桃了，这都是我的！

吃吧，都是你的。

今天的樱桃，爷爷奶奶还没吃，你怎么自己吃光了呢？

可是爷爷奶奶说都是我的。

咱们的孩子一点儿感恩之心也没有，真让人发愁。

是呀，这可怎么办啊？

父母的烦恼

为了给孩子创造更好的条件，我们每天起早贪黑、辛苦地奔波，可孩子从来不懂得体谅、心疼我们，也从没听他说过一个"谢"字。真不知道该怎么教育他！

孩子的心里话

爸爸妈妈生了我，他们养我、爱我、照顾我、为我付出、让我吃好穿好、满足我的需求，这难道不是应该的吗？再说了，他们又不是外人，为什么还要我说"谢谢"呢？

有些孩子，认为别人对他的爱与付出理所应当；有些孩子只知道索取，不知道付出；有些孩子认为自己就是世界的中心，从不关心别人……这些都是不懂感恩的表现。

感恩是一个人应该具备的美德。"父兮生我，母兮鞠我，拊我畜我，长我育我，顾我复我，出入腹我。欲报之德，昊天罔极。"古人很早就表达了父母之恩难以为报的观点，因此，孝敬父母是孩子懂得感恩的重要表现。

毕淑敏说："天下的父母，如果你爱孩子，一定让他从力所能及的时候，开始爱你和周围的人。"孩子天生单纯善良，父母要多给孩子一点儿引导，让孩子懂得尊重并感恩别人的付出。

沟通方式

暴力沟通

你怎么这么不懂事呢？太让我失望了！爷爷奶奶平时那么照顾你，你倒好，抱着果盘自己吃。

坏处

一味指责孩子，不做具体引导，这样孩子就不知道错在了哪里，也不知道应该怎么做。

非暴力沟通

孩子，爷爷奶奶平时那么疼你、照顾你，有好吃的是不是应该让爷爷奶奶先吃啊？

好处

在日常生活中，要懂得抓住时机，教育孩子心怀感恩，去关心、关爱身边的人。

总结

当发现孩子不懂得感恩时，很多家长会由于失望、抑制不住怒火而责骂、惩罚孩子，却不思考自己的教育方式是否正确。孩子意识不到错误，根本谈不上去改正它。其实，家长应对孩子多一点儿理解，耐心地与他们进行沟通，让他们了解别人的付出，进而懂得回报和感恩。

理想型父母的行动措施

① 在日常生活中引导

在日常生活中,当得到别人的帮助时,要教孩子表达"感谢";让孩子做些力所能及的家务,体验一下父母的劳累……让孩子从日常生活的点滴中学会感恩。

② 带孩子参加公益活动

带孩子参加公益活动,让孩子亲身感受帮助别人后获得的满足感、幸福感。只有亲身体会到这种感觉,孩子才会明白感恩的重要性。

③ 树立感恩的榜样

在日常生活中,家长应为孩子树立感恩的榜样,如经常带孩子看望长辈、给老人过生日、感谢帮助自己的人等。

谢谢奶奶照顾我,祝奶奶每天都开心!

妈妈,谢谢您,您辛苦了!祝您生日快乐、健康长寿!

看,咱们家明明长大了!

第5章

帮助孩子养成高效管理习惯

与孩子共同做一张读书清单

情景再现

东东,给你买的课外书为啥不看?

您给自己买的书不也没看嘛!

我就不信我看不完这本书!

课外书变成催眠书了……

您看,还让别人看书,您自己都看不进去!

妈妈真的看完了一本书啊!

接下来我们也得跟上啊!

哈哈,我终于看完这本书啦!

父母的烦恼

孩子回到家做完作业就只顾着玩玩具、看电视，或者在楼下跟小伙伴们玩耍，我就想着让他多看看书，可是他就是看不下去。有什么办法能让他喜欢看书呢？

孩子的心里话

爸爸妈妈总以为我不爱看书，为什么总是要求我看书呢？他们可以刷视频、玩游戏，为什么我就不可以？我看了那么多书，一点儿用也没有，看与不看都是一样的，何必呢？

当孩子对阅读缺乏兴趣时，家长不必焦虑。相反，应尽力营造一个能吸引孩子注意力的阅读环境。

可以从亲子阅读开始，探索和发现孩子的兴趣所在。一旦找到孩子感兴趣的领域，就可以有针对性地选择一些合适的图书，和孩子一起列一张读书清单，逐步引导孩子阅读。

通过这样的方式，孩子不仅能够真正爱上阅读，还能逐渐养成良好的阅读习惯。重要的是，家长要耐心陪伴，给予孩子足够的时间和空间去探索和发现阅读的乐趣。这样，阅读将成为孩子生活中不可或缺的一部分，为他们的成长和发展提供源源不断的动力。

沟通方式

暴力沟通

玩玩玩，整天就知道玩那些没用的东西，给你买的书你是一本也不看。

坏处

一味指责甚至威胁孩子扔掉他喜欢的东西，只会激起孩子的逆反心理。

非暴力沟通

刚才爸爸讲的这个故事是不是很有趣？它就在这本书里，书里还有很多更有趣的故事呢。

好处

选择适合的图书，并用书中的趣味点来吸引孩子，激发孩子的探索欲，让孩子产生阅读的兴趣。

总结

孩子不爱阅读，家长要心平气和地跟孩子沟通，了解孩子不爱看书的原因，并逐步加以引导。切忌用恐吓或者强迫的方式逼孩子阅读，这样做不仅没有效果，而且会让孩子对阅读产生抵触情绪。

理想型父母的行动措施

① 营造读书氛围

看书需要有一个良好的氛围，如安静、舒适、明亮的环境。最好每天都坚持亲子阅读，哪怕只有几分钟，也要营造一个浓厚的读书氛围。

② 选择合适的书

帮孩子挑选一些适合他们年龄段的、能激发孩子兴趣的书，放在方便拿取的地方，孩子想读的时候随手就能拿到。

③ 做好阅读互动

孩子看完一本书后，可以向孩子提出一些问题，与孩子一起探讨答案；也可以让孩子分享读书感受，让孩子获得成就感。

尼摩船长驾驶"鹦鹉螺号"都去了哪些地方啊？

他们先从南极到北极，然后从太平洋到大西洋……

帮孩子制订可行的学习计划

情景再现

这都九点了，怎么还没写完作业？

快写吧，要磨蹭到什么时候呀！

到底该先做哪个呢？

不生气，不着急，要冷静……

我们和孩子一起制订一个学习计划吧。

学习要有计划，你先写作业，明天爸爸妈妈和你一起做一个学习计划表。

父母的烦恼

孩子看上去很用功，但学习没有计划，看什么、做什么、学什么，以及先做哪个后做哪个，心里都没数，总是说"老师要我们做什么"，而不是"我要做什么"，虽然很努力，但学习效果却不明显。

孩子的心里话

功课我努力去学就行了，先做哪个后做哪个有什么关系呢？还有，那些网络游戏、课外书对我来说太有意思了，我根本控制不住自己，我也不想这样。

有些孩子虽然努力学习了，却收效甚微。这是因为他们学习没有计划，总是想到什么就做什么。没有学习计划，就会出现时间分配不合理、缺乏明确的目标等问题，导致学习效率低下。

孩子学习没有计划的原因可能是孩子比较懒散，学习缺乏自主性，对制订学习计划的作用认识不足等。

对此，父母要让孩子知道，制订学习计划其实是为了合理分配和利用时间，提高学习效率，养成良好的学习习惯。孩子明白了制订计划不仅能够节约时间，又能提高成绩后，就不会再拒绝了。当然，一开始，父母要根据孩子的具体情况来帮孩子制订一个切实可行的学习计划，并对计划的实施进行监督。

沟通方式

暴力沟通

你看都几点了,作业还没写完,考试考不好你可别哭鼻子。

坏处

只是指出孩子只顾玩而不写作业的错误行为,并不能从根本上解决问题。

非暴力沟通

孩子,我们来制订一个计划吧,把学习和休息的时间都规定好,既不耽误学习,也能有玩的时间。

好处

通过建议的方式,教孩子制订计划,合理安排学习与休息的时间,让孩子劳逸结合,提高学习效率。

总结

当孩子学习没有规划,不会合理安排时间或者学习效率低时,家长要心平气和地和孩子交流,指导孩子先对自己的学习任务和作业情况进行分析,然后再结合自己的时间制订切实可行的学习计划。

理想型父母的行动措施

① 制订可行的计划

教孩子科学制订计划的方法，让孩子根据自己的实际情况，制订一个既具体又可行的学习计划。

② 监督孩子执行计划

孩子的自制力相对较差，如果制订了计划却不按计划行事，计划便失去了意义。因此，父母要监督孩子严格执行计划。

③ 激发孩子自主学习的意识

要让孩子意识到学习是他们自己的事，端正学习态度，积极主动地学习，让他们自觉制订学习计划并坚持执行。

> 妈妈，我的作业写完了，休息20分钟后再读一篇课文。

> 好，能按计划执行，做得不错！

让孩子做事有条理，忙而不乱效率高

情景再现

妈妈，我的作业本忘记带了，今天要交的！

昨晚睡前我不是让你收拾好自己的东西吗？你这孩子，丢三落四的！

你今天在学校都做了什么呀？我怎么听不明白呢！

本来……然后，他……呃……

哎呀！我的书都湿了！

看看你自己这一天干的事，丢三落四、毛毛躁躁的毛病什么时候能改掉？

父母的烦恼

孩子做事总是没头没尾，东一榔头西一棒子的，还经常丢三落四，不是让我帮忙找文具，就是找衣服，说起话来也是颠三倒四的。唉，真让人伤脑筋。

孩子的心里话

事情一多，我就不知道应该先做哪个后做哪个了。反正都是要做的，想起什么就做什么呗！至于丢三落四的毛病，我觉得爸爸妈妈有点儿小题大做了。

很多孩子有丢三落四的毛病，比如东西用过后随手一丢，再用的时候到处翻找；有时拿起作业找不到笔、出了门才发现落了东西。还有的孩子安排自己的学习任务时没有头绪，"眉毛胡子一把抓"，这些都是孩子做事缺乏条理性的表现。

做事有条理的孩子能够合理安排时间，做事有条不紊；而做事没条理的孩子，做事不分轻重缓急，经常将时间浪费在没有意义的事情上。

做事没条理可能是因为孩子有依赖思想、没有形成良好的时间管理习惯、做事缺乏计划性等。条理性是一种做事的思维方式，也是一种重要的行为习惯。要想让孩子做事有条理，家长需要进行正确引导。

沟通方式

暴力沟通

看你的房间都乱成什么样子了，也不知道收拾一下，怪不得你经常找不到东西！

坏处

只是指责孩子做事没条理，却没有给出建议、方法等，孩子即使想改正也不知道从哪里着手。

非暴力沟通

孩子，自己房间里的物品，用完后就放回原处，下次要用的时候不仅方便寻找，还能保持房间的整洁。

好处

帮助孩子认识到做事有条理的好处，从而让他们自觉改正自己的坏习惯。

💬 总结

当发现孩子做事缺乏条理时，只是一味地责怪孩子，很容易让孩子产生逆反心理。有时，即使孩子想要改变现状，也不知道如何去做。因此，父母应耐心地告诉孩子讲求条理性的好处、具体该怎样做，引导孩子逐渐养成做事有条理的习惯。

理想型父母的行动措施

① 列出每天的任务清单

教孩子制作一个任务清单，把每天要做的事都列出来，再按照合理的顺序排好，从而合理分配和安排自己的时间。

② 养成随手整理的习惯

让孩子从小养成随手整理的好习惯，如把用过的东西放回原处、在晚上睡觉前整理好书桌等。

③ 父母日常要做好表率

要培养孩子做事的条理性，家庭的每一个成员都要做好表率。比如每天定时阅读，定时锻炼身体等。

对，学习是最重要的嘛！

写作业，应该是放在这里吧？

培养孩子随时记录的好习惯

情景再现

— 这句诗真好,我要记下来。

— 又不会考,为什么要记下来?

— 我的记性好,根本就不用记笔记。

— 这节课的内容很重要,大家要做好笔记。

— 这道题老师今天讲过,但是我想不起来了。

— 这是因为你没有记笔记的习惯,爸爸给你看一样东西。

— 爸爸读书的时候还记笔记呢,你也要养成这种习惯。

> **父母的烦恼**
>
> 孩子不爱动笔，不但不能坚持写日记，也不爱做读书笔记，甚至不做课堂笔记。我给他买的笔记本上面没写几个字。跟他说养成多思考、勤记录的习惯有好处，他只当耳旁风。真是拿他没办法！

> **孩子的心里话**
>
> 我不喜欢做笔记，感觉也没什么值得记录的。再说了，我记忆力好，无论是课堂上的知识点还是读书时的感悟等，我都能记住，何必多此一举！

"好记性不如烂笔头"，因为有些东西，当时可能我们记住了，可过一段时间后就会忘记。所以，学习时，我们要把新知识、遇到的疑难问题，或一些奇思妙想、感悟体会记录下来，这样既可以加深印象，也方便以后复习。

另外，学会记录是一种自主学习的能力。成功的人往往善于自主学习，他们能将所学的东西记录下来，在学习、工作中为自己所用，这就是记录的意义。孩子们有极其丰富的想法，将其记录下来，日积月累，那将是一笔无形的财富。

然而有些孩子自恃记忆力好，不爱记录。对此，家长要多跟孩子沟通，以他乐意接受的方式培养他勤记录的习惯。

沟通方式

暴力沟通

上课时不做笔记,复习功课的时候没有重点,成绩一天不如一天,你到底是怎么想的?

坏处

只指出错误,不讲方法,孩子非但不会认识到自己的问题,反而会对记笔记这件事心生抵触。

非暴力沟通

爸爸知道你的记性好,但人难免有遗忘的时候,如果你做好笔记,遗忘时翻看一下,岂不更方便?

好处

告诉孩子人脑遗忘的规律和做笔记的好处,让孩子真正认识到做笔记的必要性和重要性。

总结

孩子不爱动笔,家长不要焦虑,也不要急于求成,更不要通过斥责或强制的方式来让孩子做记录,抑或拿"别人家的孩子"来进行教育,以免增加孩子的心理压力,让他们生出逆反心理,或者应付差事。父母一定要放平心态,冷静地与孩子沟通,找到原因,提供解决方法,积极加以引导。

理想型父母的行动措施

① 不苛求记录的完美

对于孩子的记录，家长不要有太多限制，不一定要条理清晰、字迹工整。要求少、压力小了，孩子自然就愿意尝试了。

② 持续关注和引导

习惯并非一朝一夕就能养成。对于孩子的记录行为，父母要予以持续关注和引导，帮助孩子逐步养成这一良好习惯。

③ 给予积极反馈和鼓励

对于孩子的记录行为要及时给予积极的反馈和鼓励，这样能增强他们坚持记录的动力，还能让他们感受到记录的快乐与成就感。

> 最近我看你做了好多笔记，值得表扬，爸爸带你去吃大餐。

> 太好了！我们快走吧！

改变孩子拖延的习惯

情景再现

莉莉,怎么磨磨蹭蹭的?上学就要迟到了!

我在换衣服,马上就好!

该做作业啦!

还早呢,等一会儿再做。

半天了一个字都没写,发什么呆呢?

这都十点了,作业还没写完,你是怎么回事!

父母的烦恼

孩子实在是太磨蹭了,总是得催。早上不叫就不起床,一顿饭能吃一个小时。放学回到家,不先写作业,非等到很晚了才开始写,有时用半个小时就能完成的作业,一个多小时才做完……真愁人!

孩子的心里话

有时候我总想着时间还早,写作业不用着急,可一玩起来就忘了时间,结果搞得自己很狼狈;也有的时候是我总想把事情做得更好,所以做一件事就会花费好长时间;还有的时候是父母不停地催我,让我心烦意乱,做事更慢了。

许多孩子有拖延的毛病,无论在学习上还是在生活上,做事总是磨磨蹭蹭的。作业总是在最后一刻才动手写,一件事总要父母不断催促才能完成。

一般来说,孩子做事拖延通常有以下几个原因:一是时间观念比较淡薄,不会合理安排时间;二是专注力不够,容易被周围环境干扰;三是主动性不强,没人催促就不动。拖延症会产生连锁反应,不仅会消磨孩子的意志,让孩子变得拖沓、懒散,还会影响他们的学习和以后的发展。

如果想改变孩子的这种不良习惯,家长就需要找到他拖延的原因,然后采取适当的方法,引导其改正。

沟通方式

暴力沟通

都几点了，你怎么还在刷牙？赶紧过来吃早饭，校车马上就要来了！

坏处

唠叨、抱怨或命令孩子都不是改掉孩子拖拉、磨蹭行为的正确方式，只会让孩子的抵触情绪更加严重。

非暴力沟通

孩子，你洗漱的速度比昨天快了很多。如果能再快一点儿，今天你会是你们班第一个到的。

好处

先肯定，再激励，调动孩子的主动性，让孩子自觉提醒自己要提高做事的效率。

总结

孩子有拖延的习惯，是很常见的问题。如果家长太过性急，通过催促或责备来引起孩子的重视，从而改掉这种坏习惯，不但会伤害孩子的自尊心，还会让孩子以故意拖延的行为与父母对抗。

理想型父母的行动措施

① 增强孩子的时间观念

家长可用闹钟来提醒孩子,让孩子感受时间的紧迫,从而慢慢增强时间观念,改掉做事拖延的习惯。

② 少催促,多鼓励

催促往往意味着一种否定。家长一催,孩子就会产生逆反心理。将催促变成鼓励,孩子就会做出正向的回应,从而有意识地加快行动。

③ 分解任务,逐步完成

帮孩子合理分解学习任务,制订阶段性的规划,让孩子逐步去完成,一点点地接近目标。孩子的学习压力减小了,效率自然就会提高。

> 莉莉,先休息一会儿,闹钟响的时候你就去写作业好不好?

> 好的,妈妈。

第6章

与孩子平等沟通，实现心灵对话

> 小静，蔬菜里边有很多人体不能缺少的营养，你不是想要快些长高吗？

把命令变成商量，让孩子听得进去

情景再现

小静，看你把房间弄得乱糟糟的，赶紧把你的玩具收拾好！

我一会儿还要玩呢，为什么要收拾？！

我的话你没听见吗？我再说一遍：赶紧把你的玩具收拾好！

小静，不能光吃肉，要多吃些青菜……

我不爱吃青菜。

不吃就不吃，哼！

不爱吃也要吃，不吃青菜就别吃饭了！

父母的烦恼

孩子一天天长大,感觉越来越不听话。不说孩子吧,怕孩子养成一些坏习惯;说孩子吧,孩子要么装听不见,要么就犟嘴、发脾气。我们这不都是为他好吗?他怎么就不懂父母的良苦用心呢?

孩子的心里话

我知道有时候是自己做得不对,但父母强硬的、冷冰冰的口气让我感觉很不舒服。他们为什么不能心平气和地跟我说话呢?如果那样说,我会听的。

每个家长在教育孩子时都有自己独特的方式。有些家长会将孩子视为朋友,与他们商量、沟通,尊重他们的意见和感受。然而,也有一些家长认为孩子年纪小,缺乏社会生活经验和判断力,因此倾向于用命令的口吻来教育孩子,孩子只需要服从自己,并不需要理解。

以命令的方式与孩子沟通非常不好。首先,孩子可能会变得听话、顺从,但也会逐渐失去独立思考和解决问题的能力;其次,这种沟通方式会让孩子的自尊心受到伤害,会引发孩子的抵触情绪,甚至影响孩子的心理健康。

因此,作为家长,我们应该尝试转变教育方式,用更加温和、尊重和理解的态度来与孩子沟通,让他们健康成长。

沟通方式

暴力沟通

你现在必须马上去写作业，否则就别想玩！

坏处

这种命令式的沟通方式容易让孩子产生逆反心理，即使他们按照要求去做了，也只会敷衍了事。

非暴力沟通

孩子，如果你作业完成得早，就可以看一集动画片。

好处

通过商量，让孩子感受到被尊重和被理解，他们就会认真听取父母的建议，积极地去做某件事。

总结

当父母将命令变成商量时，孩子会感觉获得了更多的尊重和自由。这种沟通方式不仅能够改善亲子关系，还能提高孩子做事的积极性，让孩子在愉快和谐的氛围中成长。另外，这样的沟通方式也能让孩子学会以同样的方式去和别人沟通，变成一个尊重别人的人。

理想型父母的行动措施

① 把命令变成商量
涉及孩子的事情，父母都不要按照自己的想法直接下达命令，而要学会把问题摆出来和孩子商量，听取孩子的意见，取得孩子的认同。

② 感兴趣的建议
当想要孩子去做某件事时，可以尝试从孩子的兴趣出发，提出一个与他们的兴趣点有关的建议。

③ 把后果告诉他
当孩子提出要求或拒绝做某事时，可以先顺着他们的意愿，然后指出可能产生的后果，让孩子自己思考后果，以促使他们做出更明智的选择。

> 小静，蔬菜里边有很多人体不能缺少的营养，你不是想要快些长高吗？

> 哦，那我要吃点儿蔬菜。

唠唠叨叨会让孩子烦躁和反感

情景再现

别光夹肉吃，要多吃蔬菜……

每次吃饭都是这几句话！

你的床总是这么乱，要学会自己整理，不要让我每次都帮你……哎！跟你说话呢！

认真写，字要写工整，做完一定要记得检查……

知道了！

爸爸你都唠叨一天了，哼！

看看你的成绩，怎么没有上次考得好呢！要多在学习上下功夫，不要总想着玩……

父母的烦恼

总想让孩子各方面都变得更好，可孩子根本不把我们的话当回事，甚至很不耐烦。那些不好的习惯不早点儿改掉能行吗？这孩子怎么就不听呢？

孩子的心里话

在爸爸妈妈眼里，我好像做什么都不对。他们整天在我耳边唠唠叨叨，真的好烦！我也知道他们是为了我好，但是这样真的让我很烦躁。

父母关注着孩子的一举一动，总希望孩子变得更好，于是，唠唠叨叨说了一大堆，认为这样孩子就能够记住并理解他们的话。

然而，这样做往往事与愿违。频繁的唠叨会让孩子感到烦躁和反感，甚至会让孩子产生逆反心理，故意与父母对着干，以表达自己的不满。唠叨也会让孩子认为这是父母对自己的不信任和否定，从而打击他们的自信心。唠叨也是焦虑的一种表现，把这种情绪传递给孩子，会给他们造成一定的心理压力。

因此，在家庭教育中，父母应该对孩子多些理解，少些唠叨，营造一个轻松、和谐的家庭氛围。

沟通方式

暴力沟通

你怎么这么粗心？我跟你说了多少遍，审题要仔细，你怎么就是记不住呢？

坏处

这种指责性的话说多了，不仅达不到想要的效果，还会让孩子产生抵触情绪。

非暴力沟通

孩子，题做错了没关系，但一定要知道错在了哪里，争取以后不再犯同样的错。

好处

以温和的态度与孩子沟通，孩子更愿意接受，同时也能够达到对孩子进行教育的目的。

总结

一些父母认为，某些话对孩子说多了，他总能听进去一句半句，结果往往相反。有效的沟通是建立在尊重和理解的基础上的，反反复复地唠叨是最无效的沟通方式。父母说得口干舌燥，孩子压根儿就没往心里去，而且还可能会让孩子形成敷衍了事的做事风格。

理想型父母的行动措施

① **重要的话只讲一遍**

在教育孩子时,坚持"重要的话只讲一遍"的原则。要郑重其事地和孩子单独谈,把为什么不能那样做的原因讲明白,并给予信任和鼓励。

② **把唠叨变成聊天**

唠叨是父母单方面向孩子输出某些观点,孩子可能并不爱听。如果把唠叨变成聊天,彼此打开心扉,平等交流,则会是另一种结果。

③ **来个小小的约定**

针对孩子的一些不好的习惯或行为,父母不妨和孩子商量,一起制订一个有关行为习惯的"奖罚约定",让孩子自己监督自己。

> 妈妈,别把我们的约定告诉爸爸哦!

> 看,儿子现在吃饭时一粒饭都不撒了!

不要动不动就埋怨、斥责孩子

情景再现

跟同学打架了?上学是让你去打架的吗?

我……放学回家的路上摔了一跤……

不好好写作业,听音乐能听出好成绩来吗?!

我刚写完,想放松一下……

我已经很努力了……

这么简单的题目都做错,你平时都在学什么!

我这脾气,咋跟孩子一说话就急呢!

我也是,一着急就管不住嘴!

我已经很努力了,爸爸妈妈为什么总这样对我……

父母的烦恼

不知道是怎么回事，本来想心平气和地跟孩子说话，可一张嘴就急。明知道这样不好，可就是管不住自己。

孩子的心里话

爸爸妈妈动不动就对我一顿埋怨、斥责，我真的那么一无是处吗？好伤心啊！

　　父母通常对孩子抱有很高的期望，希望他们能够成为最优秀的那一个，这是人之常情。期望越高则越挑剔，从孩子身上看到的也往往都是他们的缺点，而忽略了他们的优点和努力。这样一来，难免会着急上火，心生焦虑，说话就口不择言了。这种沟通方式不仅无法帮助到孩子，反而会打击他们的自信心，挫伤他们的积极性，长此以往，亲子关系就会变得紧张。

　　一个温暖、和谐的家庭环境是孩子健康成长的基础。当孩子的成绩不尽如人意或者他们做错了事时，父母首先要做的是和孩子一起分析原因，并给予他们足够的鼓励和支持去解决问题，而不是不分青红皂白地埋怨和斥责他们。

沟通方式

暴力沟通

你怎么这么笨?成绩这么差,真是丢人!

坏处

这样说只会伤害孩子的自尊心,让他们对自己失去信心,甚至产生厌学情绪。

非暴力沟通

这次考试没考好,是不是学习方法不对?我们一起来找找原因。

好处

向孩子表达关心和支持,能帮助孩子找出问题所在,激发他们的学习动力。

💬 **总结**

　　动不动就埋怨、斥责孩子,其实是一种推卸责任的表现。作为父母,我们应理性帮助孩子分析原因,给予孩子更多的鼓励和支持,通过非暴力沟通的方式与孩子交流,帮助他们建立信心、克服困难。这样做不仅能改善亲子关系,还能激发孩子学习的动力和积极性。

理想型父母的行动措施

① 保持冷静，理性分析

当孩子有错时，父母首先要保持冷静，理性地分析犯错原因，再去寻求有效的解决办法。要让孩子知道父母始终站在他们身后。

② 给出建议，而非批评

面对孩子的问题要给出建议，而不是批评。可以说"你这次成绩下降了，是不是方法不对"，而不是"考出这样的成绩，你整天在干什么"。

③ 给予鼓励，建立信心

在孩子做得不好时，他们最需要的是父母的鼓励和支持。父母要告诉孩子，有问题并不可怕，关键是要善于总结，勇敢面对困难。

> 这次的成绩比上次提高了不少，爸爸相信你还可以考得更好！

> 儿子，你一定行的！

不要以忙为借口让孩子"闭嘴"

情景再现

父母的烦恼

我们知道孩子有很多话想说给我们听,也想让我们多陪陪他。可我们不是工作忙没时间,就是想趁闲暇时休息一下,就没有给孩子说话的机会。有时候想起来心里挺不是滋味的。

孩子的心里话

我知道爸爸妈妈很忙,但我只是让他们听我说说话,陪我一小会儿。难道这个要求过分吗?我觉得他们并不关心我,我好孤独。

有些父母因为工作和生活的压力而奔波忙碌,忽略了和孩子的沟通交流。我们在满足孩子物质需求的同时,却忽视了孩子的心理需求。

通过倾听孩子的心声,父母能够更好地了解孩子的需求和感受,能够及时帮助和引导孩子解决其所面临的问题和困惑,也会让孩子感受到来自父母的关心,从而增进亲子间的感情。

父母的倾听对孩子的情感、社交和认知发展有着深远的影响。因此,父母无论工作多么繁忙,都不应忽视与孩子的情感交流。孩子的健康成长除了必要的物质条件,更需要亲情的慰藉,以及父母的关爱和陪伴。

沟通方式

暴力沟通

爸爸有个重要的工作要完成，没时间听你说这些，你自己觉得好就行。

坏处

这种沟通方式会让孩子感到被拒绝和被忽视，可能导致他们产生自卑心理和孤独感。

非暴力沟通

爸爸现在确实有点儿忙，但你的事情对爸爸来说也很重要。来，跟爸爸说说！

好处

这种沟通方式表达了父母对孩子的关注，让孩子感受到被重视，有助于建立积极的亲子关系。

💬 总结

忙碌并不是忽视孩子的借口。作为父母，我们应该尽量平衡工作与家庭的关系，给予孩子足够的关注和陪伴。当孩子想要与我们分享他们的生活和心情时，我们要尽可能抽出一点儿时间去倾听。这样做不仅能增进亲子关系，还能让孩子健康地成长。

理想型父母的行动措施

① 将孩子放在第一位
如果父母把孩子放在第一位,那么孩子就会感受到父母的关爱和重视,反过来关心自己的父母。

② 设定专属亲子时间
父母无论多忙,每天都要抽出一定的时间来陪伴孩子,可以是读书、玩游戏或聊天。

③ 多听少说,积极回应
孩子最需要的是父母的支持和鼓励,在与孩子沟通时,尽可能多听听孩子的声音,少打断或急于表达自己的看法。

> 宝贝,你们班上有什么有趣的事,能给我们讲讲吗?

> 有趣的事可太多了,那天上美术课的时候……

> 哈哈哈,真好玩!